IMPAR

PEDRO RUBÉN BALBUENA PÉREZ

Aliar ediciones

Corrección: Eladia Guerrero
Diseño de cubierta: Pedro Rubén Balbuena Pérez
Maquetación: Aliar Ediciones

Depósito Legal: GR 814-2025
ISBN: 979-13-87823-31-3

Impreso en España

Edita
ALIAR Ediciones
www.aliarediciones.es
info@aliarediciones.es

IMPAR

PEDRO RUBÉN BALBUENA PÉREZ

I

En qué silencio escuchar tu risa
cuando el vacío crece
sin otro camino al que asomarse.
Cómo saber si es real ese sueño
cuando el vacío vuelve
sin otra palabra que consuele.
Dónde buscar el paso que falta
cuando el vacío avanza
sin más defensa que el latido.
Quién puede alumbrar la noche
cuando el vacío irrumpe
sin cuidado, sin paciencia ni permiso.
En qué silencio escuchar tu llanto
cuando el vacío llega
sin siquiera un mínimo sentido.
Cómo saber si es real ese miedo
cuando el vacío se queda
sin esperar algún suceso.
Cuando crece, vuelve, avanza,
cuando irrumpe, llega y se queda.
Sin esperar, sin permiso, sin sentido,
sin otra puerta que cruzar para estar vivo.
En qué silencio escucharte
ahora
y dónde esperar sin ser absorbido.

III

Y después sentir
como huida clandestina,
a salvo de censuras.
Acostumbrarte, breve
como instante fugitivo
al cobijo del olvido.
Comenzar de nuevo
como lejos, distinto
a cuidar certezas,
y a vivir verdades.
A curar tristezas
invisibles mares
que ocupen ese espacio
inmenso
en tu corazón.

V

Agitada el alma lentamente,
como un río
ir
acariciando la mirada
suavemente,
como un río
ir
cruzando el tiempo,
constante
como un río,
ser
contigo y solamente,
conmigo
ver la luz bañando
como un río
la huella del susurro,
permanente,
en el lugar escondido.

VII

Jadeante alcanzar la calma ciega
al abrigo de sollozos,
zarandeado
por miserias, espantos,
derribos,
esparce quedamente
extraños pasajes,
imágenes que exornar
desde otro lado.
En sombrío precipicio
hallar un sueño,
tierra arada,
desnudez
de contrarios liberada
por influjo del espíritu,
y vestigio de un destino
que huye de verse cumplido.

IX

Encontrarte pese a todo,
en parte siempre
aunque nunca igual
del todo
distante, como extraño
en busca de qué
si en el fondo tal vez
lo real es de otro modo.
Pero sigue hacia un después
que mañana tal vez
por dejarlo suceder
amanece como ayer,
que la vida es un tesoro.

XI

Quise ayer de otro modo,
de qué sirve ahora, despojado
de tantos prejuicios,
vanidades
que adheridas nos invaden,
reprocharse evidencias actuales.
Quise entonces, querré mañana,
era imposible, será factible,
cabe esperarlo
sin ninguna posibilidad.
Y es quizá dilema estéril
o es tal vez cuestión vital,
quise o quiera querer,
como ayer o de otra manera,
la respuesta tarde llega,
y es seguro cambiará.

XIII

Y solo después ver, dentro,
las imágenes guardadas,
los momentos soñados,
el camino que buscabas.
Y solo así entender, lento,
el sentido de esa carta,
las palabras que faltaron,
en el jardín que cuidabas.
Y solo entonces creer, lleno,
las promesas extraviadas,
los proyectos oxidados
que inflamados se desatan.
Y solo quizás, despierto
por un cruce de miradas
emprender un nuevo rumbo,
el horizonte que anhelabas.

XV

Como cada tarde subir,
cuando queda un último tramo,
y esperar que desaparezca
ese ruido de ignominia,
esa angustia de resistir
con la duda atravesada,
como dividido entre opuestos,
sujetando la ira que crece
alimentada por doquier.
Asumir como claudicando
a merced de lo injusto.
Ser consciente del odio apartado,
de la sed que no se venga
y del reproche acumulado.
Y seguir, pese a todo
determinado hacia un final,
con una firme voluntad
que ha de verse realizada.

XVII

Tras mucho escapar en busca de la calma
los recuerdos olvidaron el camino al bienestar.
Quedó un largo y extraño estanque congelado,
el pragmatismo desplazó lo sentimental.
La evasión completó su conquista programada,
pereció el influjo de la realidad.
Y en el fondo no hay tristeza
ni es que duela la verdad,
hay tan solo un largo y extraño estanque congelado,
el objetivo desplazó lo pasional.
La ocasión es exigida de oportuna,
al azar ahora hay que analizar.
Confirmar que sientes, revisar que vives,
y que ese largo y extraño estanque congelado
puede ser de utilidad.

IXX

Cuando a veces dices
pienso
que cuando dices
a veces
pienso que dices
cuándo
pienso a veces
que dices
sí.

XXI

Dejé prescrita mi edad
dormida mi prisa
cansada la espera
de un tiempo mejor
revisé mi sonrisa
gastada pero viva
escuché pronunciarte
durante largos silencios
que breves, ligeros
se han vuelto sinceros
los ojos se llevan
recuerdos
los labios reservan
secretos
el tiempo se escurre
sin celos
ni tarde ni pronto
que cada momento
se vive una vez.

XXIII

Asomado al devenir
actualizado
el sentido del camino
corregir
cambiado el rasgo
aceptar
el signo del tiempo
seguir
frente a golpes
ataduras
presagios lúgubres
resistir
acariciando un deseo
que vive en los sueños
y se aleja con duelo.

XXV

Sigue soledad,
como sigue la vida,
de este modo solitario
en que solamente pasan
días, horas, meses, años
que son ya ayer sin otro abrazo,
que no son más que el ruido sordo
de un silencio adherido,
y un lejano sueño de luz
que lleva a ser
contigo.

XXVII

Desde el subsuelo observa
el reflejo de nubes de hielo
negro, brumosas alturas
de intolerancia se ciernen
sobre el incauto que se complace
en abstracto mensaje
y sonríe respirando rencores,
confiado inconsciente,
sometido a jerarquías que abraza
mientras es despedazado
por lealtades obsoletas que sostiene
con orgullosa actitud, arrogante
con excluyente dominio del conocimiento.
Y tragando del brebaje de verbos
envenenados por distinto uso,
acaba por creerse elegido, salvador,
ungido y benefactor
al tiempo que implacable,
desestructurado cada progreso,
se precipita sobre su objetivo
de no-ser ya.

XXIX

Cuando las gotas del cristal
dicen que es tiempo de hallar refugio,
y las sonrisas que añoras ver
solo son luces desordenadas.
Cuando tu espera es ya camino
y es espejismo
cualquier nuevo encuentro.
Cuando el silencio escucha
tu voz que pregunta suave
si hay verdades que escondidas
van quedándose en detalles.
Cuando heridas y caricias
se han borrado de tu ahora,
cada paso es acercarte
a un destino que se añora.
Pero nada parece importar,
las dudas te esquivan,
los mismos misterios,
la luna y el mar,
el dulce deseo
que vuelve a volar.

XXXI

Calles de pasados ajenos
que te invitan a quedarte
con los ecos de miradas
que han dejado su mensaje
esperando una complicidad
sin propósito ni fin,
en la trazada costumbre
de esperar comprensión,
un sentido al que completar
el carácter humano
de existir conscientes
de nuestra insignificancia.
Alimentando necesidad de fe,
convicciones que sostengan
el vacío que irremisiblemente
ha de ocuparlo todo.
Porque negamos asiduamente,
porque forzamos hasta mentir,
impidiendo así la luz frágil
de la evidencia en que se halla
el amor.
Y queremos imponer, con soberbia,
una certeza contaminada,
comprando adeptos que insuflen
sanación a unos cimientos
envenenados por el ego.

Ansia de poder, sed de dominio,
ambición mesiánica.
Tiempo, pasa raudo.

XXXIII

Esta vez no es lo mismo,
que aunque en todo lo parece
al final es distinto.
Como si hubiera que verse
reflejado en otros ojos
para descubrir quien no eres
y qué lejos se marchan.
Esta vez es diferente,
que aunque hay constantes
ya se han mudado,
están acostumbrándose
al olvido y al silencio,
al extraño alejamiento.
Esta vez no ha sido igual,
que aunque tarde,
encontré la huida del ahogo oprimiendo
el alma frágil,
la luz de una mirada,
esperanza
y otra lágrima creciendo
sin saber si salir
o secarse escondida.
Esta vez es otra cosa,
que aunque es tiempo
lo que separa
el recuerdo y el saludo

de esas ficciones proyectadas,
te descubres aceptando
que esa vida te rechaza.
Esta vez no quiero que otra vez quiera
lo mismo,
que todo ha cambiado,
que sabe distinto
la mañana y el río.
Que quedan palabras,
caricias
y olivos,
que a veces las horas
se llenan de alivio.

XXXV

1.
Recordé haber clavado un puñal en mi pecho.
Salté con fuerza sintiendo un desgarro profundo
para caer en un suelo de llanto helado.
Quise hacerme más daño después,
me engañé con espejos quemando mi luz,
me mentí sobre el sentido de estar
y luego cerré con llaves la salida.
Sentí también arrancada mi columna
aprisionado en mi oscuro sueño,
cómo vaciaban mi espina dorsal.
Pero no terminó otro dolor a esa hora,
que de tanto llevarlo parece mi sombra.
Un espejismo el camino trazado,
se desvanece si avanzo y si paro,
más no me sorprende por ser lo de siempre.
Lo dejo sabiendo que sigue esperando,
que vuelve a buscar mi flaqueza
el lugar en que caigo.
Cuando duermo al destino distraigo,
que asoma y se burla,
tal vez convencido de su culpa
en mis muchos fracasos.

2.

Otra vez estuve perdido,
no encuentro tu luz,
no siento esa voz
que dice: tranquilo.
De nuevo anduve sin rumbo,
cruzando la nada,
abrazando el vacío.
Otra vez desconsolado
por ausencia y olvido,
anhelando sentir a tu lado,
escuchar mensajes en el agua
y el tiempo en su sitio.

XXXVII

Dime, vida, si es ahora,
que no hay distancias
ni quedan memorias
derribadas por primavera.
Quiere respirar y sentir
que la mañana trae sonrisas.
La espera dejó de buscar
un sentido a tantas dudas,
ya puede ser el dulce hogar
de lastres liberado,
que invite a soñar
sin dejar tu universo
acostumbrado.
Porque suena en tu cabeza
un suspiro relajado
y una flor derrama besos
aunque no estés a mi lado.

XXXIX

Alrededor encuentro
fragmentado
el delicado eco
olvidado,
el hechizo herido
fatigado.
Alrededor descubro
detenido
el hálito oculto
rechazado,
el beso negado
efímero,
que ha escogido
sentirte
sin esperar más.

XLI

El refugio de una pasión
donde soportar ausencias,
el inseguro silencio
habitado por dudas
y un velado pesar.
La discreta búsqueda
con vacilantes pasos
que niegan el presente
para permanecer lejos,
como anhelando cuidar
el alma huidiza
que permanece oculta
para el corazón
represado.

XLIII

Cada despertar encuentro
la caricia del recuerdo,
el modo en que escuchar
como un susurro cerca
me acompaña a calmar
la herida del tiempo
y a esperar que pase
otro pedazo de vida,
un nuevo camino roto,
otra luz que me cobija
para aprender contigo
que es ahora difícil
negarse a uno mismo,
ser solamente testigo.

XLV

Si dejaste de pensar
que no importa el lugar
y tampoco el tiempo
cuando es necesario
completar un destino.
Si después de tanto andar
ha perdido la verdad
su valor como guiaje,
y no queda sino el traje
de un sueño recreativo
que añoso se guarda
para no causar penas,
es legítimo buscar
en las huellas de vida
un porqué para abrazar
otra sed que te sonría.

XLVII

Del tiempo apenas sé
que nunca siempre es tal vez,
y a veces parece jamás.
Por lo pronto he de dejar
para luego toda urgencia,
que aunque armado de paciencia
no hay acierto en tanta prisa,
y al final es mucha pausa
lo que ayuda a ser cabal.
Queda al menos sonrojar
al precario por osado,
y en silencio comenzar
por aceptar tu contrario.

XLIX

Vendrás un día y no habrá barreras,
y las noches serán distintas,
las mañanas tendrán abiertas
las horas y sus venas
serán los minutos formando
cadenas de sueños guardados,
de besos desnudos
con bocas sedientas
de amor,
y ojos cerrados dentro
para ver nítido
lo invisible fuera.

LI

Ondeaba un pañuelo suave,
en su saludo desde el mar
trae caricias de las olas
y el sabor lleno de sal.
Te envuelven sus ojos tenues,
desde lado indefinido
dicen versos coloridos
y prometen la verdad.
Trasladaba su mensaje,
como segura de un final
que se esconde para todos
porque duele si se queda.
Con silencio despedida
se confunde con huida,
solamente la memoria
me acompaña y es consuelo,
pues cielo, tierra, mar,
vuelo, corro, tambaleo,
dentro casi es cierto,
¿importa acaso algo más?

LIII

Un dolor diferente
el que leo en tus ojos
que a los míos el tiempo
los volvió el escudo
de un alma atormentada,
que prefieren ser otros
silenciando una verdad
que dentro vive, perseguida.
Que quiere matarla
y perderla por siempre
el que anhela seguir
suplantando al que siente.
Un dolor diferente
el que ahoga tu pecho,
que en el mío ya roto,
sujeto la herida sangrante,
la noche fugitiva
y el fuego de un recuerdo
que a veces se enciende
y consume esta vida
de lejanía y extrañeza.

LV

Cuando no queda nada
y regresa el silencio,
la herida creciendo,
la noche amenaza,
la muerte te llama,
el descanso es frío
y el despertar vacío.
Cuando no queda nada,
la herida sangrando,
la noche te asfixia,
se aleja la vida
dejando el olvido
y un árido paisaje
de sabor amargo.
Después no habrá nada,
tal vez un suspiro,
tus ojos vencidos,
tu boca callada
y el dolor apagado
para que puedas marcharte.

LVII

También este año, mamá, los almendros florecieron
y en mañanas frías de sol
escucho canciones que amabas.
Han venido después muchos nombres
y lugares que antes no estaban.
Ha querido la vida que cosas pasaran
sin resultar explicables, sencillamente ocurren
y luego se marchan.
También este año me acuerdo del cálido gesto
que era tu voz preguntando,
despertando el camino adecuado
para encontrarme distinto y el mismo,
con el corazón empujando.
También este año, mamá, he encontrado el refugio
para escapar de todo,
y tal vez sea ahora el momento esperado.

CONTRASENTIDO

Cuida tu máscara,
dedícale tiempo y cuidados,
a nadie importa tu interior,
solamente apariencia.
Reserva de autenticidad
y los ideales
que no es rentable
ni resulta práctico.
«Compórtate como la persona que quieres ser
y acabarás siendo tal y como te comportas».
Cuida tu máscara,
revisa tu armadura,
no necesitas tanta coherencia,
puedes vivir con contradicciones,
solamente apariencia.
Adornada con respeto,
con gotas de cariño,
aparta tu vanidad y tu ego.
Si aceptas tu imperfección,
solo cuida tu máscara.
Vacío o lleno, malo o bueno,
justo o injusto, ¿dentro?
A nadie le importa,
solamente apariencia.

ÍNDICE

Este libro se terminó de editar en Granada
en junio de 2025 por

www.aliarediciones.es
info@aliarediciones.es